Halt den Atem an

Halt den Atem an

Gedichte – mit der Natur verbunden, an die Natur gebunden

Bewahre mich vor leerem Wort,
vor Glanz, der nicht von innen glüht,
vor Blüte, die papieren blüht,
vor Wachstum, dem das Herzblatt dorrt.

Gedichte – mit der Natur verbunden, an die Natur gebunden
mit Fotos von Richard Lenz

Maria Müller-Gögler

Halt den Atem an

edition k in Partnerschaft mit dem **Hampp**Verlag
kunst und kulinaristik

Inhalt

Rainer Knubben	Die alles Blühen Liebende	10
	Ein heroisches Leben	14
Christel Freitag	„Gegen die Zeit zu singen"	18
	Um Lichtmeß (1929)	20
	Rauhreif (1930)	21
	Rauhreif (1934)	23
	Erwartung (1959)	24
	Huflattich (um 1961)	28
	Im Frühlingssturm (1920)	31
	Aufblühender Baum (1946)	34
	Leihe mir, Wiese … (um 1926)	37
	Blühende Wiese (1937)	38
	Blühende Kastanien (1946)	39
	Wiesenblüte (1958)	40
	Blühende Stunde (um 1951)	43
	Margeriten (um 1950)	44
	Reife (um 1929)	47
	Im Mai (um 1951)	48

Gesang im Mai (um 1959)	49
Vorsommer (1958)	52
Die Raupe (1967)	54
Frühe Schmetterlinge (um 1954)	55
Schmetterling (1937)	57
Im blühenden Ginster (um 1951)	60
Sommerlicher Wald (1952)	61
Roter Gartenmohn (1946)	64
Klatschmohn (um 1929)	65
Eine Wolke kann es sein … (1946)	66
Wolken (1946)	68
Eichhorn (um 1959)	69
Hoher Sommer (1958)	70
Im Sommerwind (1936)	73
Schwäne (1936)	74
Möven (um 1953)	76
Einen Sommer lang … (1946)	77
Rast bei rotem Fingerhut (1959)	79
Der Apfelbaum (1934)	80
Glühender Wald (1930)	81

Hagebutte (1927)	82
Kahler Baum I (um 1953)	84
Kahler Baum II (um 1953)	85
Am Bach (um 1952)	88
Herbstwiese (1955)	91
Tritt bei mir ein (1930)	92
Trauerweide (1929)	96
Weide am See (1946)	97
Weiher in Oberschwaben (1935)	99
Der See (1947)	100
Besonnter Bodensee (1936)	104
Trüber Morgen am See (1946)	105
Herbst am See (1955)	106
Winterabend (1959)	111
Impressum	112

Die alles Blühen Liebende
Von Rainer Knubben

Maria Müller-Gögler war ins Blühen verliebt. Sie liebte den Frühling. Immer wieder neu. Frühjahr für Frühjahr musste sie erkennen: Die Blüte wandelt und verwandelt sich. Die Einsicht in die unabwendbare Vergänglichkeit des Augenblicks schmerzte sie. Die alles Blühen Liebende trauerte. Am liebsten hätte sie das Blühen schon im Zustand des Aufbrechens angehalten. Weil das natürlich nicht gelingen kann, wollte sie wenigstens die volle Pracht der Blüte aufhalten. In atemloser Freude. Aber das lässt die Blüte nicht zu.

Und doch weiß Maria Müller-Gögler das Blühen zu bannen: In ihren wunderbaren Gedichten. Ein langes Leben lang hat die „Dichtere", wie die Schriftstellerin in Oberschwaben liebevoll genannt wurde, nicht nachgelassen und nicht davon abgelassen, den Augenblick des Naturgeschehens durch das Wort festzuhalten. Natur war Maria Müller-Gögler Gebet. Für das Blühen der Natur, ihre Pracht, ihre Fülle, ihre Farben und ihr Vergehen hat Maria Müller-Gögler immer wieder neue Worte, neue Bilder und Deutungen gefunden. Und wie die Blüte unsere Sinne und Seele streichelt, so greifen uns ihre Gedichte ans Herz – uns den Atem stockend, ihn uns beraubend. „Gelingt's, den Glanz zu haschen und ins Wort zu binden, ersteht aus einer welken eine neue Welt", schreibt sie in ihrem Gedicht „Uferpromenade".

In den für dieses Poesie-Buch ausgewählten und in den Jahreszeitenlauf eingereihten Gedichten entsteht ein Porträt, ein Selbstporträt der Natur Oberschwabens. Die Landschaft wird zum Landschaftsbild. Poetisch hat Ma-

Maria Müller-Gögler fasste in Verse, was ihr wichtig

ria Müller-Gögler ihre Heimat Jahr für Jahr, Tag für Tag erkundet und ein alle Jahreszeiten erfassendes und umfassendes Werk von Gedichten geschaffen, in dem die wunderbaren Farben und die gewaltigen Elemente der Natur aufleuchten. Sie besingt in ihren Naturgedichten den Lauf des Jahres – zart und hauchfarben – im Zauber einer gesegneten Landschaft und in Ehrfurcht vor dem stillen, selbsttätigen Wachstum der Schöpfung. Die Natur gewährt uns Augenblicke, die uns staunen lassen, uns überwältigen und in atemlose Erregung versetzen können.

Gedichte hat Maria Müller-Gögler von früher Kindheit bis ins hohe Alter geschrieben. Sie fasste in Verse, was ihr wichtig war, was sie betrübte und beglückte, sie brachte ihre Empfindungen in Reime. Naturgedichte stehen im Mittelpunkt ihres lyrischen Schaffens. Die Gedichte kommen aus der Tiefe der Natur, aus ihrer geheimnisvollen Schönheit und sind eng verbunden mit der Natur und fest gebunden an die Natur.

So liegen den poetischen Bildern viele Naturerlebnisse zu Grunde – Begegnungen, Empfindungen, Entdeckungen, Augenblicke des Ergreifens und Begreifens. Dichter sind zum Sehen geboren. Es ist ein Klischee, aber es drängt sich auf: Das Bild der „seelenvollen Augen". In der Lyrik Maria Müller-Göglers werden uns weit und tief zugleich die Augen geöffnet. Es wird uns ein neues Sehen geschenkt – neue Worte und neue Bilder, neue Sinnlichkeit und neue Empfindsamkeit. Ohne die Poesie kann die Schöpfung der Natur nicht – ganz – enthüllt werden.

Als gelte es, eine heftige, leidenschaftliche Liebe zu gestehen, erzählt Maria Müller-Gögler in ihren Lebenserinnerungen, wie sie sich gerne und oft als kleines Mädchen in die Wiese geworfen hat: „Ich war tatsächlich einfach von Natur aus mit der Natur verbunden." Sie stellt fest: „Meine Natur hat mich zur Natur gezogen" und sie bekennt – wie ein Lebensmotto und Lebensvermächtnis: „Meiner Natur bin ich gefolgt".

Maria Müller-Gögler hat in und mit der Natur gelebt und gefühlt und die immer wieder neu empfundenen Augenblicke in Worte gefasst und auf diese Weise – über die Zeit – festgehalten. Das hat, so die Schriftstellerin, „notwendig so sein müssen". Aber Maria Müller-Gögler will uns die Natur nicht vorführen, sie will uns hinführen zu ihr. Sie ist uns eine Begleiterin auf dem Weg, die ganze Schönheit der Natur zu sehen und zu entdecken, sie wahrzunehmen und in ihr das Lebendige, das Wachsende und das Sterbende, immer wieder neu zu erfahren.

Oft sind ihre Gedichte Liebeserklärungen – heftig, leidenschaftlich auch. Romantische Zuneigung – an Bäume, die auf stille und spektakuläre Weise eindrucksvoll sind: Als Symbole des Lebens und der Hoffnung, aber auch als Opfer menschlicher Umweltzerstörung. Maria Müller-Gögler schuf Baum-Bilder – großartig und einzigartig: „Halt den Atem an, lieber Baum! Noch ist all dein Blühn nur ein Traum." Und am Ende dieses Gedichts über einen aufblühenden Baum schreibt sie die Zeilen: „Denn zu schön bist du, und ich trag es nicht, diese Fülle und diese Flut von Licht."

war, was sie betrübte und beglückte.

In Atemnot geraten ob der Fülle. Der Atemraum dieser Poesie ist weiter als die von der Natur vorgegebene und gleichzeitig gestaltete wie gestundete Zeit der frühsommerlichen Blüte, der Reife und der herbstlichen Ernte, der winterlichen Ruhe. Einen Atemzug lang einhalten – vielleicht zwischen zwei Augenaufschlägen. Und auch dies: Man kann die Worte und die Bilder riechen – wie ein Parfum, das die Natur trägt. Die Pracht, der Duft der Blüten – gibt es stärkere Signale des Lebens?

Maria Müller-Gögler hält in ihren Gedichten den Augenblick an, hält ihn fest, will ihn nicht mehr loslassen und macht ihn in einem Wort, einem einzigen Satz, in einem Gedicht haltbar – von höchster sinnlicher Eindringlichkeit. Der Fotograf, der im Bild festhält, was er sieht, empfindet, erlebt und auch gestaltet, wirkt gleichfalls in dieser Weise. Beide halten fest. Sind so die gefundenen Worte und die gestalteten Bilder das Einzige, was bleibt?

Die Fotos von Richard Lenz bilden in diesem Gedichtband eine Partnerschaft mit den Gedichten von Maria Müller-Gögler und öffnen so einen weiteren Raum, in den die Leser und Betrachter ihre eigenen Bilder hineinstellen können. Das Auge sieht – begreiflicherweise – anders und anderes als die Linse des Fotoapparates und der Betrachter sieht anders als der Fotograf. Die Arbeit und die Kunst des Fotografen hilft uns, vieles neu zu sehen und neu zu entdecken. Er tut es der Schriftstellerin gleich. Wort und Bild umarmen sich.

Ein heroisches Leben

„Ich glaube, Maria Müller-Gögler hat ein heroisches Leben geführt. Sie selber hätte, wenn ich ihr das gesagt hätte, gesagt: „Jetzt komm no." Sie hätte gelächelt, aber sie hätte mir, glaube ich, zugestimmt. Nicht in Worten, aber in ihrem Gefühl." Diese heroische Lebensart kommt sicher, so glaubt Martin Walser, „von der Art Einsamkeit, die durch das Schreiben entstehen kann."

Wie kein anderer Schriftstellerkollege hat Martin Walser die Arbeit und das Werk von Maria Müller-Gögler in wunderbarer Freundschaft begleitet. Er weiß: „Maria Müller-Gögler hat sich durch nichts als schreiben entfaltet, entwickelt, durchgerungen und schließlich behauptet. Es ist ihr überhaupt nichts geschenkt worden."

Als älteste Tochter des Finanzbeamten Adolf Gögler wird Maria am 28. Mai 1900 in Leutkirch im Allgäu geboren. Seit dem fünften Lebensjahr wächst sie in Weingarten auf. Die Sechsjährige verliert die Mutter. Vom 14. Lebensjahr an bis zu ihrem Lehrerinnenexamen ist sie im klösterlichen Erziehungsinstitut in Ravensburg. Heimlich schreibt sie Gedichte und Dramen. 1919 wird Maria Gögler Dorflehrerin in Steinhausen. Sie immatrikuliert sich 1924 in München, promoviert 1927 und legt das Staatsexamen 1929 in Tübingen ab. Neben der Doktorarbeit entsteht der erste historische Roman „Die Magd Juditha" über den Münsterbau in Weingarten.

1930 heiratet Maria Gögler Studienassessor Paul Müller. Die Kinder Paul und Gisela werden 1931 und 1932 geboren. Als Lehrerin arbeitet Maria Müller-Gögler in Schwä-

Schreiben wie man atmet.

Wie kein anderer Schriftstellerkollege hat Martin Walser die Arbeit und das Werk von Maria Müller-Gögler in wunderbarer Freundschaft begleitet.

bisch Gmünd (1929/1930), Laupheim (bis 1934), Crailsheim (bis 1938) und in Ulm. Ihr Erstlingsroman wird 1935 vom See-Verlag, Friedrichshafen, gedruckt. Der Staufer-Roman „Beatrix von Schwaben" erscheint 1942 im Staufen Verlag, Köln. Vom dritten historischen Roman „Die Truchsessin" wird der Bleisatz in Köln durch Bomben vernichtet. Nach der Zerstörung der Ulmer Wohnung 1944 durch Bomben übersiedelt die Familie nach Weingarten.

In dieser Zeit hat Winfried Wild Maria Müller-Gögler, die Jugendfreundin seiner Mutter, kennengelernt, als sie mit ihrer Familie vorübergehend zu seiner Familie gezogen war. Winfried Wild war damals 18 Jahre alt und hatte gerade ein Germanistikstudium begonnen. Er war von ihrer Dichtung gleich sehr angetan. Aus dieser Begeisterung wurde dann eine freundschaftliche Bindung. Winfried Wild, später langjähriger Leiter des Kulturressorts der Schwäbischen Zeitung in Leutkirch, war eine Art Eckermann für sie und hat so die Entstehung vieler ihrer Werke miterleben können. Winfried Wild: „Sie war wohl eher eine stille Natur, weil sie kein Aufhebens von ihrem Schreiben gemacht hat. Sie musste eigentlich schreiben wie man atmet."

1947 erscheint ihr erster Gedichtband und die Biographie des Sängers Karl Erb. 1950 werden die Erzählungen „Ritt in den Tag" veröffentlicht, 1954 bringt die Autorin den zweiten Gedichtband heraus, den sie Hermann Hesse widmet. 1955 veröffentlicht die Schriftstellerin ihren ersten Roman aus der Gegenwart: „Der heimliche Friede". Den Bertelsmann-Novellenpreis erhält Maria Müller-Gögler 1956 für „Der Schlüssel". Von 1958 an ist Maria Müller-Gögler wieder im Schuldienst. Ihr dritter Gedichtband erscheint 1960. Bei Stahlberg, Karlsruhe, bringt sie 1963 den im Schulmilieu spielenden Roman „Täubchen, ihr Täubchen …" heraus. 1965 vollendet sie als Auftragsarbeit den Roman um die Gute Beth von Reute „Wer gibt mir Flügel". 1969 dann – nach fast 30 Jahren langen Wartens – ist endlich die Buchausgabe des Romans „Die Truchsessin" verlegt. Sie hatte – so berichtet Winfried Wild – schon manchmal den Mut verloren, weil ihre Arbeiten oft von Verlag zu Verlag wanderten und lange nicht angenommen wurden.

Zu ihrem 70. Geburtstag bringt das Literarische Forum Oberschwaben ihre modernen Erzählungen „Die Frau am Zaun" heraus. Der Gerhard Hess Verlag, Ulm, druckt die Erinnerungsbücher „Bevor die Stürme kamen" (1970), „Hinter blinden Fenstern" (1974) und „Das arme Fräulein" (1977). Dann arbeitet die Schriftstellerin am Roman „Der Pavillon", der 1980 erscheint.

Und so wuchs ein großartiges Werk, das zum 80. Geburtstag von Maria Müller-Gögler zusammengefasst wurde und in einer sehr schönen Gesamtausgabe im Jan Thorbecke Verlag, Sigmaringen, erschien. Ganz besonders an diesem Tag, dem 28. Mai 1980, hat Martin Walser das Gesamtwerk der Schriftstellerin und noch weit mehr die „Dichtere" selbst gewürdigt und dabei deutlich gemacht: „Maria Müller-Gögler hat sich ganz sicher zugehörig gefühlt zu denen, die einen elenden Tag nur ertragen, weil

Diese heroische Lebensart kommt sicher von der Art

sie einen guten Satz machen können aus ihm. Die Freude der Spracharbeit war sicher ihre einzige dauerhafte Freude." Und er fährt fort: „Aber weil viel zu ertragen ist, wird man skeptisch und schließlich einsam. Dabei war sie gesellig. Die von mir vermutete Einsamkeit ist eine, die auch durch Geselligkeit nicht überwunden wird. Ich habe einfach dieses Gefühl, dass sie unter uns, unter ihren Freunden also, doch allein gewesen sei. Aber zum Glück nicht verschlossen, nicht isoliert, nicht abgewandt. Sie hat uns merken lassen, dass sie allein ist. Sie hat uns teilnehmen lassen an ihrer Einsamkeit, heiter, gescheit, und durch und durch skeptisch, und manchmal sehr gütig, sehr lieb auch. Aber dies alles ertragen, jahrzehntelange Verkennung, und das bei einem so empfängnisbereiten, liebenden Gemüt, das beweist, glaube ich, eben einen heroischen Mut. Den hatte sie."

Maria Müller-Gögler war nie einer stilistischen Mode gefolgt. Sie war von Eduard Mörike begeistert. In dieser Tradition hat sie ihre Lyrik zu schreiben begonnen und auch ihren eigenen Stil gefunden. In den Romanen hatte sie ebenfalls die sprachlichen Eskapaden, die in den 1950er und 1960er Jahren bei den Literaten gefragt waren, nicht mitgemacht. Sie hat einen poetisch realistischen Stil geschrieben. Glücklicherweise wurde sie alt genug, um noch zu erleben, dass dieser Stil wieder gefragt war.

Deshalb hatte sie in der Zeit nach dem Erscheinen der Gesamtausgabe für weitere Romane noch vieles in der Schublade liegen, das sie nicht nur hervorziehen, sondern auch an die Zeit heranholen, also auf ihrem neuesten stilistischen Stand überarbeiten konnte. Im Jan Thorbecke Verlag bringt die Schriftstellerin drei wichtige Romane heraus: „Athalie" 1983, „Hanna und das Höhere" 1984 und „Sieben Schwerter" 1987. Diese Romane runden ihr schriftstellerisches Werk in einer großartigen Weise ab.

1975 wird die Autorin mit der Verdienstmedaille des Landes Baden-Württemberg geehrt. Den Kulturpreis der Städte Ravensburg und Weingarten erhält Maria Müller-Gögler 1978. Das Bundesverdienstkreuz wird ihr 1980 verliehen und 1986 wird die Schriftstellerin mit der Vergabe des Titels Professor geehrt.

Am 23. September 1987 stirbt Maria Müller-Gögler in Weingarten. Eine große, treue und begeisterte Lesergemeinde trauert um eine Große Frau, eine Große Schriftstellerin. Martin Walser schreibt zu ihrem Tode: „Die Fülle ist ihr Ausweis. Das werden wir nicht mehr kriegen. Dieser Umkreis steht nicht mehr zur Verfügung. Sie hat den oberschwäbischen Kosmos noch einmal ganz ausschreiten können. Es ist ein Glück, dass sie nicht aufgehört hat zu antworten durch alle Zeiten hindurch. Die waren ja alles andere als freundlich." Und Martin Walser schließt seinen Nachruf, der mehr ein Anruf sein möchte: „Laß nur. Für ihre Lebendigkeit ist gesorgt. Das hat sie geschafft. Sie hat uns einen Schatz hinterlassen, das werden wir allmählich zu würdigen wissen. Dann werden wir Redensarten suchen, um zu danken. Und sie wird sagen: Laß nur."

Einsamkeit, die durch das Schreiben entstehen kann.

„Gegen die Zeit zu singen"
Von Christel Freitag

„Die gerufen ist, gegen die Zeit zu singen, kommt aus den Wäldern ... Ihre Stimme hebt an mit Wiegengesängen und fernem Erinnern."

Man nennt Maria Müller-Gögler eine oberschwäbische Dichterin, vergleicht sie mit Isolde Kurz, erinnert sich an Hermann Hesses Wertschätzung. Sein Lob gilt vor allem ihren Gedichten. Auffallend ist dabei zunächst die Vielfalt der lyrischen Formen, von großangelegten Elegien bis hin zum einfachen Lied. Den poetischen Bildern liegen oft Naturerlebnisse zugrunde, unter dem Einfluss ihrer klösterlichen Erziehung entstehen viele religiöse Gedichte. Dabei ist sie alles andere als eine fromme Heimatdichterin. Ihr Raum ist weiter als der oberschwäbische, ihr Anspruch geht weit über das Individuelle eines Schicksals hinaus. Nicht nur das Landschaftlich-Atmosphärische, nicht nur die innere Verbundenheit mit der Vergangenheit, sondern auch die Auseinandersetzung mit der Gegenwart und insbesondere die „Menschwerdung der Frau" bestimmen ihr literarisches Schaffen.

„Ich beschloß einen Roman zu schreiben, dessen Heldin ähnliches erleben sollte, was ich erlebte, was ich zu erleben hoffte, wünschte oder fürchtete", schreibt Maria Müller-Gögler im dritten Band ihrer Erinnerungen. Wahrheitsgemäß will die Dichterin ihren Abenteuern, Erfolgen und Enttäuschungen nachspüren. Doch das geplante Buch mit dem Titel „Menschwerdung" ist nie erschienen. Allerdings hat die Schriftstellerin ihr Leben lang alles getan, um ihre literarische Idee mit Leben zu füllen. Jedes ihrer Werke enthält Fragmente eines immer neu durch-

Fort will sie, leben will sie, sich dem Unbekannten

dachten Themas. In ihren drei autobiographischen Büchern erzählt sie sowohl die Geschichte ihrer Kindheit als auch die Geschichte einer Epoche und die Geschichte einer Gesellschaft.

Maria Müller-Gögler wird im Jahr 1900 als älteste von drei Töchtern in Leutkirch im Allgäu geboren. Sie wächst in Weingarten auf. Ihre Mutter stirbt, als sie fünf Jahre alt ist. Mit 14 Jahren schickt sie der Vater ins klösterliche Erziehungsinternat nach Ravensburg. Das junge Mädchen fügt sich wohl oder übel ins strenge Klosterleben mit all seinen Verboten, mit all seinen religiösen Verhaltensmaßregeln. Hinter blinden Fenstern gehorcht sie einer Erziehung, die uns heute wie aus dem tiefsten Mittelalter anmutet.

„Das Rezept mens sana in corpore sano war den Nonnen entweder unbekannt oder sie verwarfen es. In der Erziehung versäumten sie so ziemlich alles, was den Forderungen einer neuzeitlichen Hygiene entsprochen hätte ... wuschen wir uns doch in den Unterkleidern, die nur Gesicht, Hals und Hände freiließen ... Mit Seife und Bürste schrubbten wir unseren sündigen Körper unter dem Hemd. Am schwersten gelang die Zügelung der Blicke beim Abtrocknen, weil dabei ja doch notgedrungen die nasse Leinenhülle fallen mußte und bis zum Überziehen des trockenen Hemdes Sekunden, wenn nicht Minuten der Nacktheit verstrichen."

Maria Müller-Gögler erinnert sich lebhaft an ihre Gefühle als junge Frau. In ihren heimlichen Gedichten opponiert sie gegen den züchtigen Klostergehorsam und sehnt sich nach einer Freiheit jenseits der kirchlichen Mauern.

„So laßt mich fort und laßt mich leben!
Hier freu ich mich der Jugend nicht.
Ihr könnt nur Nacht und Dunkel geben,
doch meine Seele liebt das Licht."

Fort will sie, leben will sie, sich dem Unbekannten entgegenstürzen, wie auch immer es aussehen mag. Mit 19 Jahren ist es endlich soweit, sie wird aus dem Klostergefängnis entlassen und als Dorflehrerin in die Welt geschickt. 1924 immatrikuliert sie sich in München, um noch vor ihrem Staatsexamen 1927 in Tübingen zu promovieren. Drei Jahre später heiratet sie Studienassessor Paul Müller und arbeitet als Lehrerin in Schwäbisch-Gmünd, Laupheim, Crailsheim und Ulm. Selbst als werdende Mutter unterrichtet sie weiter.

Aufmüpfig trotzt Maria allen Belehrungen, geht zur Schule und schreibt. Leidenschaftlich macht sie sich ans Werk und erfindet für sich und ihre Leser Romanfiguren wie die Magd Juditha, Beatrix von Schwaben oder die Truchsessin. Frauen, die sich in ihrem oberschwäbischen Lebensumfeld zu behaupten wissen. Jede von ihnen ein Teil der Autorin und jede von ihnen geprägt von der Zeit: von zwei Kriegen, vom „Dritten Reich" und vom Wandel moralischer und gesellschaftlicher Werte.

Maria Müller-Gögler war eine Schriftstellerin, der die Menschwerdung der Frau zum Lebens- und Schreibensinhalt geworden ist, ein Thema, das sie während ihres gesamten Schaffens in jeder Tonart angeschlagen hat: von sarkastisch-bitter bis überschwänglich-lebensfroh.

entgegenstürzen, wie auch immer es aussehen mag.

Um Lichtmeß

In den blauen Wäldern meiner Heimat,
auf den stillen und verschneiten Höhn
schlafen Lieder, und im Dunkel warten
schon die Quellen auf den lauen Föhn.

In den blauen Wäldern meiner Heimat
wohnt Verheißung. Und zuweilen bricht,
wo der Himmel an die Wipfel rührte,
aus den Wolken ein verklärtes Licht.

Aus den blauen Wäldern meiner Heimat
schritt ich einst dem bunten Leben zu.
In den blauen Wäldern meiner Heimat
betten meine Träume sich zur Ruh.

Rauhreif

Tief in Nebelhüllen schläft der Baum,
seine Zweige frieren nackt im Raum.

Aus dem tiefverhangnen Schoß des Lichts
fliegt ihn etwas an: Ein feuchtes Nichts.

Es beginnt zu sprießen, kühl und fremd,
webt dem Baum ein weißes Zauberhemd,

zart, zerbrechlich, ja gespenstig schier,
überzieht den Zweig mit Fransenzier,

prunkt mit falschem Reichtum im Geäst,
blütenhaft als wie zum Maienfest.

Leise regt die Krone sich im Traum,
schöner ist sie auch im Maien kaum.

Rauhreif

Kalte Pracht der Felder,
stumme Einsamkeit!
Aus dem Traum der Wälder
jäh der Häher schreit.

Schmal durch weiße Weiten
fliegt ein blaues Reh,
dünne Schatten gleiten
über Wald und Schnee.

Wispert eine Meise,
flockt es leicht vom Strauch,
Nebel steigen leise.
Zauberhafter Hauch

spendet Zweig und Ästen
weißen Flimmerschmuck
wie zu Frühlingsfesten.
Narrt uns Blütenspuk?

Erwartung

Wenn du niederstiegest
vom goldenen Berg,
brausten die Wälder vor Lust,
die Hügel hüpften ins Licht,
die Wiesen schäumten,
und alle Blüten
hauchten Entzücken aus.

Wenn deine Hand
meine Stirn berührte,
entsänke die Schwere den Füßen.

Es trüge, es höbe mich auf,
Gitter zerfielen in Staub,
Traumgärten blühten,
und Geigen riefen
in Wolkenburgen zum Fest.
O, schon wölbt sich golden
der Scheitel des Berges.

O, schon warten ohne Atem die Wälder,
schon singen die Hügel,
strecken die Wiesen sich
demütig hin,
und ich warte,
liege mit ausgebreiteten Armen
an die Erde gekreuzigt.

Huflattich

Winzige Sonne auf fahlem Rain:
goldnen Gestirnes Widerschein,
Ebenbild erhabnen Glanzes,
unscheinbar und doch ein Ganzes.

Im Frühlingssturm

Nimmer mag ich in der Stube säumen,
wenn der Wind den Schnee vom Acker leckt,
will die Stürme dulden mit den Bäumen,
zu zerfetztem Himmel aufgereckt,

wandern, wo die jungen Bäche tosen,
Pappeln seufzen und der Regen sticht.
Lachend leide ich das derbe Kosen,
fegt der wilde Föhn mir das Gesicht.

Daß ich meines Herzens Aufruhr zähme,
sing ich mit dem aufgewühlten Wald.
Frag nicht, ob die Welt mein Lied vernehme,
oder ob es ungehört verhallt.

Aufblühender Baum

Halt den Atem an,
lieber Baum!
Noch ist all dein Blühn
nur ein Traum.
Brichst du morgen auf,
hell im Sonnenglast,
ist der Traum vorbei,
und es schreckt mich fast:
daß es nun geschah,
was ich lang begehrt,
daß es stark und nah,
was ich fern verehrt.
Schau ich deine Pracht,
rühr ich an dein Kleid,
wünsch ich mir die Nacht
und die Dunkelheit.
Denn zu schön bist du,
und ich trag es nicht,
diese Fülle und
diese Flut von Licht.

Leihe mir, Wiese

Leihe mir, Wiese
dein blühend Gewand,
dann kann ich als Königin schreiten.
Esparsette um meinen Hals

wird rosafarbnes Geschmeid.
Salbei umhülle wie Samt meine Schultern,
mit goldenen Sternen mein Gürtel schließt
den blumenbestickten Mantel.

Leihe mir, brandroter Mohn,
deine Farbe,
daß ich die Wangen mir schminke,
leihe mir, Sonne,
Gold und Glanz für mein Haar,
daß ich, glühende Braut,
dem Geliebten entgegenschreite.

Blühende Wiese

Die Wiese liegt im hellen Mittagslicht,
die hohen Halme und die Blumen wiegen
im Spiel des Windes über mein Gesicht,
und himmelblaue Schmetterlinge fliegen.

Die ärmste Rispe ist in Glanz getaucht
Und Honiggräser amethysten schimmern,
die Wiesenbocksbarts gelbe Sterne flimmern,
Labkräuter blühn, von Helligkeit behaucht.

Die Margeriten legen weiß und kühl
im Tanze sich an meine heiße Wangen.
So ruhe ich, von Schönheit eingefangen,
die warme Sommererde ist mein Pfühl.

Grünschillernd schießen Fliegen jäh vorbei,
der Biene Summen klingt wie feine Glocken,
und über allem Glast, Geläut und Locken
weht ferneher der Duft von erstem Heu.

Blühende Kastanien

Über den Wegen
tun sie sich kund.
Flüstern sie Segen?
Betet ein Mund?

Ahnung mag wohnen
von Gottes Bild
auch in den Kronen:
dunkel, verhüllt.

Und wie aus Herzen
brennend und heiß,
glüht sie in Kerzen
purpurn und weiß.

Von den unzähligen
Flammen geweiht,
tragen die seligen
Bäume ihr Kleid.

Über der Straßen
Kommen und Gehn,
ganz ohne Maßen
festlich und schön.

Wiesenblüte

Rausch im reifenden Grase,
Apfelblust über dem Hag.
Sand vergißt sich im Glase
einen ewigen Tag.

Ampfer in schmalen Flammen,
Kugellaternchen in Weiß,
unter Kerbelschirmen beisammen:
Gundermann, Ehrenpreis.

Schneien die Samen aus Seide,
verflackert der Ampferbrand,
– daß sich der Taumel bescheide,
im Glase rinnt wieder der Sand.

Blühende Stunde

Goldne Knospen trägt der Wald,
wilder Schlehdorn schäume!
Morgen ist das Leben alt,
liebe Stunde säume!
Säume, deck uns blühend zu
vor der Welt voll Lügen.
Du und ich, und ich und du –
kann das nicht genügen?

Margeriten

Ach, Margeriten, ihr kühlen, herben,
ihr hellen, schlanken, ein wenig derben
Schulmädchenblumen am Rain, am Hang,
daß wir Gespielen gewesen – wie lang!

Ihr weißen Schönen in heiteren Scharen,
wie schwesterlich waren wir euch vor Jahren,
wie wunderbar lag sich's im Grase, versteckt,
von Sternen, von Sternen zugedeckt!

Wir tanzten mit euch durch die wogenden Wiesen,
ihr Margeriten, wir Annen und Liesen,
wir hielten euch nahe dem Herzen im Strauß
und nahmen euch armvoll im Jubel nach Haus.

Wenn draußen die anderen Blumengespielen
im Frühlicht über die Sense fielen,
und der Wind den Heuduft ins Zimmer trug:
ihr durftet noch dauern, am Fenster, im Krug.

Reife

Wieder wilde Rosen
blühn an Bach und Rain,
und bei Skabiosen
kehren Falter ein.

Königskerzen festen,
Mohn am Ackersaum.
Feuer sprühn im Westen,
flammend Baum an Baum.

Zeit voll Glück und Glänzen,
Leuchtwurm glüht im Laub,
Reichtum ohne Grenzen,
keine Ähre taub.

Im Mai

Endlich sprießt es, weiß und golden,
sprüht in Sternen, glüht in Dolden,
und aus Kelchen schießen Flammen,
Blüte schlägt in Schaum zusammen.
Nun zerspringt die letzte Hülle,
atemlang schaust du die Fülle,
Birnbaumschnee und Apfelprangen,
rosenzart wie Kinderwangen.
Wo die Gartenwonne endet:
sonnengelb ins Gras verschwendet
Tupfen sich zu Tupfen schoben,
leuchtend liegt ein Vlies gewoben.
In den Gräben, in den Sümpfen
stehen Blumen, und an Stümpfen
grünt es hell, an Dornenranken –
staunen kannst du nur und danken.

Gesang im Mai

Wer übersteht den Glanz eines Morgens im Mai,
wer die Abende unter dem rosafarbenen Mond,
wenn die Hügel im zärtlichen Schaum
der Blüten hinschwinden,
erschauernd,
wenn der Wind die Büsche kost,
und die Lüfte bersten vom Locken der Lerchen,
wenn die Gipfel der greisen Berge
heiter im himbeersüßen
Lichte des Abschieds verharren,
ehe die Nacht sie berührt,
wer, der nicht blind ward
von Lampenglitzern und Schattenflimmern,
nicht taub vom Surren der Räder,
vom Dröhnen der Kraft,
wer übersteht den Glanz eines Tages im Mai,
ohne geliebt zu sein,
ohne zu lieben?

Vorsommer

Weißer als Mond
noch einmal,
wieder
trägt die Wiese den Schleier
aus Kerbel und zärtlichem Labkraut,
und heimlich fallen ins Gras
die unauslöschlichen Sterne.

Kerzen glühn
in den Morgen.
Flammen
schießen aus heißem Erwachen.
Wundrot über und über
steht selbst der erhabene Wald,
zu steilem Blühen entzündet.

Kuckuck, Pirol
noch einmal,
wieder!
Unbegreifliche Fülle,
taumelige Verschwendung,
und immer voraus das Fest
des Feuersprunges zu zweien.

Die Raupe

Ich träumte, ich sei ein Schmetterling
mit samten leuchtenden Farben.
Ich schwebte von Blume zu Blume hin
und brauchte nicht zu darben.

Doch als ich erwachte, war ich schwer.
Eine Raupe mit borstigen Haaren
vom Blumenfenster kroch zu mir her.
Wer weiß, vielleicht nach Jahren,
in denen ich am Boden kroch,
dumpf Niedrigem ergeben,
verpuppe ich mich und wandle noch
mich zu erhöhtem Leben.

Frühe Schmetterlinge

Der allererste ist's. Am Rand des fahlen Riedes
hebt er sich schwebend auf, als trage ihn der Glanz.
Dann ist ein zweiter da, und ihr verzückter Tanz
ist wie der Anfang eines lang vergessenen Liedes.

Im Liebesspiele überfliegen sie die Schatten
der dunkeln Föhren, und ihr leichter Flügel spürt
erschauernd, daß noch fremde Kälte ihn berührt.
Sie sinken erdenwärts in seligem Ermatten.

Dann ruhen sie, der Sonne farbig aufgeschlagen,
in zarter Trunkenheit und ahnen keine Frist.
Sie wissen nichts von Zeit, von Jahren und von Tagen –
und nicht, daß dieses ihre einzige Stunde ist.

Schmetterling

Flieg auf, flieg auf, ich laß mich von dir tragen,
du schwereloser, zarter Traum des Lebens,
und im verzückten Taumel deines Schwebens
bin ich berauscht und selig ohne Zagen.

Wie Nebelhauch verwehen alle Fragen
und alle blinde Mühe eitlen Strebens.
Die linde Freude göttlichen Vergebens
strahlt über Tränen und verstummten Klagen.

Gestern und morgen ruhen tief versunken
und nur das Heute steht im großen Glanz,
durch den mit Feuerfarben, schönheitstrunken

mein samtner Schmetterling sich wiegt im Tanz.
Weit liegt die Welt mit Gram und Tod. Nur Wonne
und süße Blumen kennt sein Spiel. Und Sonne.

Im blühenden Ginster

Bei den Birken brach es auf:
feuergelbes Blühen,
und den ganzen Hang hinauf
gelbe Flammen sprühen.
Weiß inmitten solcher Glut
mir ein Bett im Maien,
wo es sich verborgen ruht,
einsam und zu zweien.
Rings mit vielen Kerzen stehn
Föhren zu der Feier,
und die Birkenkronen wehn
leicht wie Hochzeitsschleier.

Sommerlicher Wald

Zeit der zweiten Vogelbrut:
letztes Jubeln, Warnen, Locken,
Stämme, hell von Sonnenflocken,
Hexenpilz mit braunem Hut.

Blauer Flügel leichte Flucht
überm Bach, ein funkelnd Wunder.
Eitel spiegelt Zwergholunder
seine frühe, rote Frucht.

Wo das Weidenröschen brennt,
sommerlich, in hohen Flammen,
ruhten wir einmal zusammen
an dem Platz, den niemand kennt.

Einmal nur und niemals dann:
über aus, vom Glanz umsponnen,
giftger Kelch von Belladonnen
sah mich dunkel, dunkel an.

Roter Gartenmohn

Große, glühende Schale,
Spenderin trunkenen Traums:
Leuchtende Seide weht
rot wie des Sultans Gezelt.

Prächtig wölbt sich ein Sessel.
Purpurne Sammetschnüre
winden seltsame Zier
fernem Herrscher zum Ruhm.

Und mit blauschwarzen Fächern
dunkelhaarige Sklaven
wimmeln und drängeln sich rund
um den verlassenen Thron.

Königlich schaukelnde Barke
auf dem Meere von Luft.
Schillernde Fliege umsummt
das Blütenschiff, trunken von Glanz.

Klatschmohn

Das leuchtet und flackert wie Brand
in den gilbenden Weizen versteckt,
und rührt doch so kühl an die Hand,
die lüstern sich danach streckt.

Das flattert mit seidenem Blatt,
hält zäh sich mit schwankendem Stiel
und wird, kaum gebrochen, schon matt.
Aus ist es mit Sommer und Spiel.

Und aus dem brennenden Bund
des Straußes entsinkt es und stirbt.
Noch einmal im Staube am Grund
sieht es dich an und verdirbt.

Eine Wolke kann es sein ...

Eine Wolke kann es sein,
schimmernd weiß im Blau,
Blumenstern am Ackerrain,
gelb und feucht vom Tau,
einer Amsel spätes Lied,
roter Mund, der lacht,
Duft, der aus den Gärten zieht,
was uns selig macht,

sinnt dein Blick der Wolke nach,
wie sie sanft erglüht,
spiegelt sich dein Bild im Bach,
wo der Rotdorn blüht,
lauscht dein Ohr dem Ammersang,
lausch ich deinem Wort,
schreiten wir das Tal entlang
in den Sommer fort.

Wolken

Die Sommerwolken ziehn wie Riesenkähne,
beflügelt schwingt die Sehnsucht sich hinein
und badet sich in blauer Tiefe rein –
voraus im Weiten schwimmen große Schwäne.

Doch da ich heiter sie zu fassen wähne,
verschweben sie, verwandelt sich ihr Sein,
und eine Burg steht steil im hellen Schein,
ein weißer Löwe wacht mit weißer Mähne.

Doch nirgends darf mein Sehnen ruhn und bleiben,
die weißen Sommerwolken ziehn und treiben
hoch über grünem See und dunklem Wald,
jetzt blumenzart, jetzt mächtig, ungeheuer,
geht ihre Fahrt nach unsichtbarem Steuer
zur ewig neuen leuchtenden Gestalt.

Eichhorn

Es flieht, wie Glück und Unschuld flieht,
es äugt und äugt von Ast zu Ast
und schaukelt sich und lockt
und zieht
durch Tannennacht und Sonnenglast.

Es flammt wie Feuer hoch im Licht,
trägt eine Fackel hintendrein,
sitzt plötzlich still und rührt
sich nicht.
So greif doch zu und fang es ein!

Es schaut herab vom hohen Ort,
du nahst auf Zehen dich und sacht
und hebst die Hand – schon ist es fort,
verschwunden in der grünen Nacht.

Hoher Sommer

Daß sich das Jahr schon neigt –
ob es die Blumen wissen?
Der Vogeljubel schweigt.
Nur aus den Thymiankissen
die Grille ruft.

Schwer zieht der Duft
der Würzekräuter und der Nelken.
Die Lilien und die frühen Rosen welken
in heißer Luft.

Am Weidenbaum die Silberflammen
flackern zum Abschiedsfest.
In roter Frucht schießt alle Glut zusammen,
ehe der Sommer
uns verläßt.

Im Sommerwind

Wundersame, kühle Regung,
wie verwandelst du die Welt!
Alles Schwere wird Bewegung,
wird zum Spiel in Baum und Feld.

Freies Wiegen in den Zweigen,
seidne Saat im Wellentanz.
Wolkenschiff im blauen Schweigen
segelt durch den Sommerglanz.

Was ist Ferne, was ist Nähe,
was ist leicht und was ist schwer?
Aus verschwiegnen Gärten wehe,
Wind, die Rosendüfte her!

Schwäne

Bei gelben Trauerweiden
auf märchengrüner Flut
schneeweiße Schwäne gleiten
durch milde Abendglut.

Ihr Ruderschlag ist leise,
er stört die Stille nicht;
sie ziehen ihre Kreise
durch Schatten hin und Licht.

Stolz hebt der Hals sich wieder,
der in die Tiefe taucht,
und Perlen tropfen nieder
vom Flügel golddurchhaucht.

Sie wiegen sich und kreisen
und schlafen schaukelnd ein,
die alabasterweißen
Schwäne im Abendschein.

Möven

Das Blau, darunter kalte Tiefe lauert,
liegt sanft gekräuselt wie der Unschuld Kleid.
Die Lüfte drüber silberweiß durchschauert,
ein kleines Schiff und große Einsamkeit.

Und blitzend weißer Vögel weite Flüge,
gleich Kinderwünschen schwerelos und frei!
Da – plötzlich gleißt die Welt wie eine Lüge:
aus hellen Träumen stößt ein greller Schrei.

Einen Sommer lang ...

Einen Sommer lang
hat der Traum gewährt,
Traum, so süß und bang,
alle Schmerzen wert.

Jedes kleine Wort
war Musik und Lied.
O wie stumm der Ort,
wo die Liebe flieht!

Daß der Rosen Glut,
wenn die Zeit verrann,
welk am Boden ruht,
wer ist schuld daran?

Doch der Rosen Art
kann nicht ganz verwehn,
und von mir bewahrt,
wirst du auferstehn

viele Sommer lang:
wie dein Wort erklang,
wie dein Lächeln sang, –
Traum, so süß und bang.

Rast bei rotem Fingerhut

Spitze Türmchen schwanken
über Brombeerranken.
Glockenspiel im Licht.

Und es ist ein Singen.
Silbergräser schwingen
über dein Gesicht.

Helle Wimpernzierde.
Tief im Kelch Begierde,
heimlich, purpurrot.

Sommerstunden eilen,
süßes Gift kann heilen
oder bringt den Tod.

Der Apfelbaum

Die ganze Krone rosenroter Schaum –
nah bei der alten Mauer steht ein Apfelbaum.
In zärtlichem Zurseiteneigen
greift er mit seinen saftgeschwellten Zweigen
nach dem zerbröckelnden Gestein
und hüllt es ganz in Duft und Jugend ein.

Glühender Wald

Sonne haucht im Scheiden
in den Wald noch späte Glut.
Ob die Fichten leiden?
Von den Stämmen tropft's wie Blut.

Über schwarze Pfade
tastet sich der Flammenschein.
Ist es Fluch, ist's Gnade,
so geliebt zu sein?

Hagebutte

Späte Frucht der wilden Rose,
was errötest du so tief?
Gilt dein Neid der Herbstzeitlose,
die dem bleichen Liebsten rief?

Auf den kalten Nebel wartet
sie des Nachts im dünnen Kleid,
bis sein Kuß die zarten Blätter
einem frühen Tode weiht.

Der erwartet nichts vom Herbste,
der des Sommers Segen kennt,
dem von seinem Kuß und Atem
noch das Mark wie Feuer brennt.

Hagebutte, rote, rote,
schönes Kind der heißen Lust.
Der errötet noch im Tode,
der von solcher Glut gewußt.

Kahler Baum (I)

Kahler Baum und Abendfarben:
Lapisblau und Goldtopas.
Erdenarmut, nacktes Darben.
Himmelsglanz ganz ohne Maß.

Stehn wir wie der Baum und frieren
ohne Schmuck im armen Kleid,
mögen wir erhabner spüren
Licht und Glanz und Ewigkeit.

Kahler Baum (II)

Wirf ihn ab, den welken Flitter,
wahrer bist du nackt und bloß.
Müder Reichtum fällt in Splitter,
in der Demut wirst du groß.

Wenn dann zu den hohen Fernen
dunkel deine Krone strebt,
neigt der Himmel sich und webt
dir ein Kleid aus goldnen Sternen.

Am Bach

Dunkle Erlen stehn am Bach,
Haselbusch und Weide,
und sie wölben uns ein Dach:
es verbirgt uns beide.

Wuchs es früh im Maien nicht
über uns zusammen,
spielten über dein Gesicht
weiße Sonnenflammen.

Doch im Sommer kann es ganz
schattend uns verhehlen,
nur weit draußen ist der Glanz
und in unsern Seelen.

Kommt der Herbst und brennt der Wald,
weht ins Dach das Feuer,
singt im kahlen Baume bald
Wind die Sterbeleier.

Mag so auch ein golden Jahr
wie der Bach entrinnen, –
was das beste an ihm war,
tragen wir tief innen.

Herbstwiese

Die Rinder ruhen schwer und satt
auf der besonnten Weide.
Vom Birnbaum taumelt Blatt um Blatt
aus feuerfarbnem Kleide.

In der zufriednen Stille stehn
Zeitlose, mädchenzarte,
die sich das Leben im Vergehn
zu letztem Blühen sparte.

Tritt bei mir ein

Nichtwahr, die große Stille kommt?
Du spürst das auch,
und weißt auch, daß die Rosen schon erblassen.
Die vielen, die der Sommer arm gelassen,
sie warten noch auf ihn an allen Wegen,
indessen ist das große Leuchten nah,
das Licht liegt klar und ohne Zittern da.
Sie aber suchen fern noch seinen Segen.

Du, eh die große Stille kommt,
tritt bei mir ein.
Die Welt ist ganz verklärt in diesen Stunden,
ergeben lächelnd stirbt der Sommer hin.
Kennst du die späte, fremde Spinnerin,
die weiße Fäden in die Lüfte treibt?
Komm, eh die große Stille bleibt,
und sprich: Wir haben heimgefunden.

Trauerweide

Noch rinnen Tränen von den gelben Zweigen
und stürzen in die aufgeregte Flut.
Der Morgen gießt in dein ergebenes Neigen
nach böser Nacht purpurne Sonnenglut.

Da stehst du jäh in fürstlichem Geschmeide,
hundert Rubine sprühn an Blatt und Ast.
Bangst du vor solchem Wandel, schöne Weide,
und beugst dich bebend fort von solchem Glast?

Mir scheint es, Baum, du fühlst nur sanfte Schauer.
Was blieb vom Bösen, das dein Haupt umspielte?
Was blieb vom Sturm, der wild dein Haar zerwühlte?
O Weide! Wäre mein so milde Trauer!

Weide am See

Sie weiß ihn nicht und fühlt doch seine Nähe
und liebt die Größe seines fremden Seins.
Sie neigt, daß sie in seine Tiefen spähe,
ihr Äußerstes ihm zu und wird so eins
mit jenem Weiten, Silberblauen, Kühlen,
drin ihre Zweige sich vom Staube spülen,
daß sie sich spiegelnd selbst vergißt als Baum,
und schöner lebt als sein verklärter Traum.

Weiher in Oberschwaben

Auf der Höhe, satt von Glanz und Ruhe,
blinkt ein Weiher, ferne von der Welt.
Berglein wie aus Gottes Spielzeugtruhe
sind um seine Ufer aufgestellt.

Ringsum Weite, Wiesen, sanft gehügelt,
und versteckt ins weiche Tal geschmiegt,
hinterm Walde, der sich dunkel spiegelt,
liegt ein Dorf, sein weißer Rauch verfliegt.

Blaue Schillerfunken der Libellen
sprühen durch die Luft den Mittag lang,
Schmetterlinge gaukeln, Fische schnellen,
aus den Büschen klagt der Ammersang.

Tief im Schilfe währt ein flüsternd Ahnen
wie von Stimmen, die sich zärtlich tun.
Zwischen Mädesüß und Binsenfahnen
ruft verliebt ein schwarzes Wasserhuhn.

Wasserrosen, weiß wie Schwangefieder,
schaukeln und berauschen sich im Spiel.
In die Tiefe taucht der Himmel nieder:
Liebe waltet ohne Maß und Ziel.

Der See

Dies ist viel: die eigenen Ufer zu kennen,
sich in ihren Buchten ruhig zu bergen,
nicht das Draußen zu begehren, das Fremde,
warten, ganz sich selber genug.

Dennoch warten! still ins Weite gebettet,
und das Große nahe wissen, das andre,
das im Sturme sich gewaltig verkündet;
niemals flüchtig, immer bereit.

Schön im Schmerz, wenn die verborgene Tiefe
wogt und stöhnt, von gelben Blitzen getroffen,
wenn das Antlitz, von den Wettern gepeitscht,
zerrissen, Wunden, zahllose trägt.

Schön im Zorn, im wilden orgelnden Schrei aus
schwarzem Grund. Befleckt vom schäumenden, weißen
Atem dunklen Wahnsinns selbst noch erhaben,
untertan dem heimlichen Maß.

Viel ist dies: das Trübe schweigend zu dulden,
hinter Schleiern hütend gläubige Ahnung
von der Wiederkehr des segnenden Lichtes,
fürstlich auch im grauen Gewand.

Königlich im smaragdenen Glanze,
spielend mit unzähligen, silbernen Kronen,
trunken ganz von heißem, gleißendem Schimmer,
und dem Himmel spielend vermählt.

Hohes Sein: vom Feuer des Abends zu glühen,
nachts geheimnisvoll den Mond und die Sterne
in der Seele zu wiegen als goldne Gedanken,
allem Ewigen nah und vertraut.

Einsam zu leiden, einsam zu jubeln, zu groß dem
Tadel, zu groß dem Ruhm, von vielen besungen,
von keinem gewandelt, ewig lebendig und ewig
ruhend in der Fülle der Welt.

Grüner See! Dein Schoß ist schweigende Lockung
jungen, singenden Flüssen. Verlangend stürzen
sie dir zu und verlassen größer geworden
und reicher dich, von Lächeln beglänzt.

Weisheit, ohne Hast zu sein, und zu warten!
Kraft der Wesen, die im Eigenen ruhen!
Glückliche Ufer, die den Spiegel umschließen,
drin der Himmel selbst sich erkennt.

Besonnter Bodensee

Grüne Gestade,
glitzernder Schaum,
silberne Gnade,
blauender Raum.

Möve im Glanze,
ohne Gewicht,
Funken im Tanze,
Wellen und Licht!

Trüber Morgen am See

Silbergrüne Flut am Morgen
und die Berge fern verhüllt.
Was sich wohl aus Traum und Sorgen
einer lauen Nacht erfüllt?

Schwerer Wind und Wolkenzüge,
nur im Ost ein heller Saum.
Tag! Verheißung oder Lüge?
Leben! Reichtum oder Schaum?

Horch, nun rauscht die Woge lauter,
die sich an der Mohle bricht.
Schaukelnd zieht aus sanftumblauter
Bucht ein Kahn ins zage Licht.

Herbst am See

Späte, herbstlich milde Sonne breitet
goldne Netze über See und Hügel,
säumt mit Licht ein Segel, das entgleitet,
und der leichten Möve weiße Flügel.

Rotes Weinlaub prangt bei grünen Wellen.
An den Badeufern wird es leer.
Oben am besonnten Hange schwellen
längst die Trauben, werden süß und schwer.

Steigt die Nebelkühle aus den Fluten,
duftet schon der Wein. Nun rückt zusammen!
Und verwandelt laßt des Sommers Gluten
rot und golden in den Gläsern flammen.

Winterabend

Vermummte Welt. Die bunten Farben tot,
in weißen Hauben steckt der Dächer Rot,
und ganz in Wolle, reglos steht der Baum.
Der Himmel tief. Die Erde atmet kaum.

Nur noch der Westen blank wie ein Beryll,
in seinem Lichte glühn die Fenster still.
Der Glocke Abendbeten ist verklungen,
ein jeder Laut verweht verhüllt und leis,

gedämpft ist aller Jubel, aller Jammer,
ganz so verhalten wie in einer Kammer,
wo eine Mutter grad nach alter Weis'
ihr müdes Kind zum Schlafen hat gesungen.

Impressum

Herausgeber und Verlag danken sehr herzlich Herrn Landrat Kurt Widmaier, der sich von der Idee des Buches hat begeistern lassen und die Herausgabe des Werkes mit Mitteln des Zweckverbandes Oberschwäbische Elektrizitätswerke (OEW) großherzig unterstützt hat.
Danken möchte der Herausgeber auch dem Leiter des SWR-Studios Tübingen, Dr. Andreas Narr, der gemeinsam mit Christel Freitag die CD mit Gedichten von Maria Müller-Gögler produziert hat.
Die Beiträge von Martin Walser und Winfried Wild zum Werk von Maria Müller-Gögler sind zitiert aus der von Dr. Thomas Vogel und Rainer Knubben gestalteten Kultur-Sendung des SWF-Tübingen, die zum 90. Geburtstag der Autorin am 27. Mai 1990 ausgestrahlt worden war.

Zum Weiterlesen:
Maria Müller-Gögler, Werkausgabe, Jan Thorbecke Verlag, Sigmaringen 1980.
Maria Müller-Gögler, Gegen die Zeit zu singen. Ein Lesebuch. Jan Thorbecke Verlag, Sigmaringen 1990.

Herausgeber	Rainer Knubben
Fotos	Richard Lenz, Rupert Leser (Seite 15)
Redaktion	Alexandra Beckmann
Gestaltung	stilgruppe	Visuelle Konzepte, Berlin, www.stilgruppe.com
Repro	highlevel GmbH, Berlin
Druck	Dr. Cantz'sche Druckerei, Ostfildern
	Im Gedenken an Eberhard Rapp.
ISBN	978-3-936682-63-2

Printed in Germany, 2008

© für die Gedichte von Maria Müller-Gögler bei den Erben.

© edition K – Kunst und Kulinaristik Verlag GmbH
in Partnerschaft mit Hampp Media GmbH, Stuttgart

Informationen über weitere Bücher des Verlags und der edition K – Kunst und Kulinaristik erhalten Sie unter www.rainerknubben.com und www.hamppverlag.de